Pe. Eduardo Ribeiro, C.Ss.R.



# Maria e a Ação Evangelizadora da Igreja

*Maria de Nazaré: uma aproximação cristológica e eclesiológica e sua colaboração na ação evangelizadora da Igreja*

**Coleção Escola de Maria**

**14**

Editora
Santuário

**Dados Internacionais de Catalogação na Publicação (CIP) de acordo com ISBD**

R484m Ribeiro, Eduardo

Maria e a ação evangelizadora da Igreja: Maria de Nazaré: uma aproximação cristológica e eclesiológica e sua colaboração na ação evangelizadora da Igreja / Eduardo Ribeiro. - Aparecida : Editora Santuário, 2022.
48 p. ; 14cm x 21cm.

Inclui índice.
ISBN: 978-65-5527-239-0

1. Religião. 2. Cristianismo. 3. Maria de Nazaré. I. Título.

CDD 240
2022-2495 CDU 24

**Elaborado por Odilio Hilario Moreira Junior - CRB-8/9949**

**Índice para catálogo sistemático:**
1. Religião : Cristianismo 240
2. Religião : Cristianismo 24

1ª impressão



Rua Pe. Claro Monteiro, 342 – 12570-000 – Aparecida-SP
Tel.: 12 3104-2000 – Televendas: 0800 - 0 16 00 04
www.editorasantuario.com.br
vendas@editorasantuario.com.br

# INTRODUÇÃO

O objetivo e a meta da evangelização é a transmissão da fé cristã. Evangelizar é a ação por meio da qual se transmite o Evangelho correspondendo ao mandamento de Cristo e levando à prática, simultaneamente, a missão da Igreja de pregar, anunciar, transmitir oralmente o conteúdo do Evangelho, em obediência ao mandamento de Cristo[1]. Maria, como primeira discípula e fidelíssima, busca compreender seu filho Jesus, como nos atesta o Evangelho de São Lucas. Maria, contudo, conservava cuidadosamente todos esses acontecimentos e os meditava em seu coração, é modelo para a evangelização. O apóstolo Paulo, ao falar da plenitude dos tempos com a encarnação do Verbo, apresenta o envolvimento de uma mulher neste grande mistério. Quando, porém, chegou à plenitude do tempo, enviou Deus seu Filho, nascido de uma mulher (Gl 4,4-5). A pergunta é como Maria de Nazaré contribui para a ação evangelizadora da Igreja? O Cap. VIII da *Lumen Gentium* apresenta Maria no mistério de Cristo e da Igreja.

> Enriquecida com a sublime prerrogativa e dignidade de Mãe de Deus Filho, e, portanto, filha predileta do Pai e sacrário do Espírito Santo; com este dom de graça sem igual, ultrapassa de longe todas as outras criaturas celestes e terrestres. Ao mesmo tempo, encontra-se unida na estirpe de Adão com todos os homens que devem ser salvos; maisainda, é verdadeiramente mãe dos membros de Cristo porque com seu amor colaborou para que na Igreja nascessem os fiéis, que são membros daquela cabeça[2].

Maria é, portanto, a um só tempo, geradora de Cristo e geradora de novos discípulos de Cristo; é nesse sentido que ela colabora na evangelização. No dizer da V conferência do CELAM, Maria, com sua fé, chega a ser o primeiro membro da comunidade dos crentes em Cristo, e também se faz colaboradora no renascimento espiritual dos discípulos[3]. De fato, é na linhagem bíblica de Maria de Nazaré que encontramos a participação dessa jovem hebreia nos mistérios de Cristo e, por conseguinte, nos mistérios da Igreja.[4] Tendo como fundamento o capítulo VIII da Constituição Dogmática *Lumen Gentium* do Concílio Vaticano II, nosso trabalho se desenvolverá a partir da mariologia eclesiológica. Buscaremos analisar, mesmo que brevemente, a exortação apostólica *Evangelii Nuntiandi* do papa Paulo VI, os documentos do CELAM e, por fim, daremos enfoque à evangelização e à mariologia presente no pontificado do papa Francisco, com destaque para a *Evangelii Gaudium.*

# 1

# MARIA NO EVANGELHO DE SÃO LUCAS

O evangelho de Lucas é o que apresenta uma identidade marial, Maria como pessoa, como uma mulher de fé. Logo no primeiro capítulo deste evangelho, encontramos Maria como modelo de discípula-missionária. Em uma leitura conjunta da obra lucana: Lucas e Atos dos apóstolos, podemos encontrar a melhor reflexão sobre Maria nos evangelhos, uma verdadeira catequese marial. Na obra lucana, Maria aparece nos três tempos da Salvação: antes, durante e depois. No evangelho de Lucas, os três tempos da salvação são articulados em torno de Jerusalém. Em vários momentos da vida de Jesus, encontramos a presença de Maria: na anunciação, na visita a Isabel, no nascimento de Jesus em Belém, na apresentação ao templo, na fuga para o Egito, na perda e no encontro do menino Jesus no templo, em Nazaré, em Caná, durante a vida pública de Jesus, no calvário, na Igreja primitiva e na Igreja Apostólica. O evangelista Lucas coloca Maria na mesma dinâmica de seu filho Jesus. Os textos referentes a Maria no evangelho de Lucas são:

a) Anunciação: 1,26-38;
b) Visitação: 1,39-45;
c) Magnificat: 1,46-56;
d) Nascimento de Jesus: 2,1-20;
e) Apresentação de Jesus no templo: 2,22-28;
f) Profecia de Simeão: 2,33-35;
g) O encontro de Jesus no templo: 2,41-50;
h) A vida Oculta de Jesus de Nazaré: 2,51-52.

> O estudo da obra lucana obedece a um esquema próprio constituído de três conceitos básicos: o da unidade-continuidade, o da concepção de tempo como história e o do conceito de universalidade. Esses três elementos constituem o método com que Lucas elabora seu tratado. Dentro de tal esquema o evangelista se distingue de Marcos e Mateus porque ele dá palavra a Maria, fala sobre ela e deixa o povo falar de Maria. No centro desse processo está o mistério da encarnação que dá o centro cristológico à reflexão do autor. Considera-se o seguinte esquema: a) as palavras que Lucas atribui a Maria; b) o que Lucas diz de Maria; c) o que o povo fala de Maria; d) Maria na Igreja nascente.[5]

A dinâmica do evangelho lucano fixa momentos particulares da participação de Maria na ação de Cristo, oferecendo, assim, luz para compreendermos a interlocução decisiva dessa jovem na vida de Jesus. No interior do evangelho de Lucas é perceptível a intervenção divina na história a partir de Maria e as consequências dessa intervenção.

Muito mais que falar de Maria, o primordial no evangelho lucano é dar ênfase à ação de Deus, evidenciando a contribuição de Maria no projeto salvífico. Podemos dizer que, em certo momento, há um silêncio de Lucas acerca de Maria, esse silêncio se dá para que aconteça a epifania de Jesus. Nesse sentido, podemos afirmar que a mariologia de Lucas é cristocêntrica e possui um viés profético. Nessa perspectiva, à luz do evangelho de Lucas, podemos compreender mais e melhor quem é Maria e qual sua contribuição no projeto salvífico da humanidade. "Ao chegar a plenitude dos tempos, Deus enviou o seu Filho, nascido de uma mulher, nascido sob a lei, a fim de resgatar os que estavam sujeitos à Lei e para que nós recebêssemos a adoção de filhos" (Gl 4,4-5).

> Há uma ampliação projetiva da realidade terrena, vivida por Maria, nos Evangelhos, para uma realidade universal, comunitária, eclesial e mesmo cósmica, própria da existência glorificada de Maria, a Mãe de Deus e própria da maternidade espiritual de Maria; seu testemunho terreno de acolhida do Espírito é então perpetuado no céu e a vida de Maria se apresenta como inspiração para uma existência nova[6].

É marcante a presença de Jesus na vida de seus discípulos da primeira hora e daqueles que tiveram e têm a missão evangelizadora. Na anunciação, chega a Maria o evangelho das profecias, transmitido entre seu povo de geração em geração; o anjo lhe anuncia a mensagem da salvação que ela compreende, acolhe, aceita com humildade e responsabilidade, tornando-se a mãe do Salvador: Eis a serva do Senhor; faça-se em mim segundo tua palavra (Lc 1,38). É no evangelho de Lucas que vamos encontrar a apresentação de Maria como discípula, esse evangelho é a primeira parte de uma obra em dois volumes que continua nos Atos dos Apóstolos. Mais que apresentar Maria como mãe de Jesus, Lucas a apresenta como discípula. De fato, a obra lucana é o caminho de Jesus articulado com as primeiras comunidades que trataram de segui-lo. Três palavras-chave resumem a condição de ser discípulo de Jesus: ouvir, acolher, frutificar. Com esse molde nas mãos, Lucas pinta os traços da figura de Maria. Mostra que ela tem exatamente as qualidades e caracterizam o seguidor de Jesus. Maria ouve a Palavra de Deus com fé, guarda-a no coração e a põe em prática.[7] Maria colabora com a missão evangelizadora da Igreja, porque é, em primeiro lugar, discípula-fiel; é aquela que ouve e acolhe a Palavra de Jesus e a faz frutificar no seio da comunidade discípula.

# 2

# MARIA NA *LUMEN GENTIUM*

No dia 11 de outubro de 1962, quando iniciava a primeira sessão do Concílio Vaticano II, em seu discurso de abertura, intitulado *"Gaudet Mater Ecclesia"*, o papa João XXIII previa uma Igreja que quer se mostrar como mãe amorosa de todos, benigna,paciente, cheia de misericórdia e de bondade.

> Alegra-se a Santa Mãe Igreja, porque, por singular dom da Providência divina, amanheceu o dia tão ansiosamente esperado em que solenemente se inaugura o Concílio Ecumênico Vaticano II, aqui, junto do túmulo de São Pedro, com a proteção da Santíssima Virgem, de quem celebramos hoje a dignidade de Mãe de Deus[8].

Neste livro, tratamos da mariologia na perspectiva pastoral e evangelizadora, sendo que o Concílio Vaticano II na Constituição Dogmática *Lumen Gentium* será a fonte principal de pesquisa e análise. Qual teologia antecipou e preparou o Concílio Vaticano II? O teólogo Yves Congar fala de "fé desencarnada": a fé, por assim dizer, desencarnou-se, esvaziada de seu sangue humano. Congar começa assim, a introduzir uma linguagem encarnacionista para superar o "divórcio" entre Igreja e mundo.[9] Outro teólogo importante na análise teológica, que antecipou e conduziu para o Concílio Vaticano II, foi o teólogo Gustave Thils, autor de uma teologia das realidades terrestres. Thils propõe a existência de três tipos de cristãos: o "cristão liberal", o "cristão da encarnação" e o cristão da transcendência". O cristão liberal se adapta ao mundo; o cristão da encarnação assume o mundo para transformá-lo; o cristão da transcendência nega o mundo[10]. Essa análise feita por Congar e Thils possibilita a compreensão da mariologia eclesiológica como chave de leitura para entender e assumir o mundo na perspectiva de transformá-lo. Segundo Gustave Thils, a encarnação conduz para a dinâmica de um espírito de conquista, para uma espiritualidade da ação com uma visão otimista do mundo, já a transcendência conduz a um apostolado de testemunho e de presença, animado por uma espiritualidade contemplativa, e alimenta um pessimismo sobrenaturalista com relação ao mundo.

Conforme o papa Francisco, o mundo contemporâneo questiona, não sem dificuldade, a confissão da fé cristã, que proclama Jesus o único Salvador de todo o homem e da humanidade inteira[11]. Sendo a evangelização a missão primordial da Igreja no anúncio de Jesus Cristo, o papa Francisco, na Carta Apostólica *Placuit Deo,* apresenta uma provocação quanto às dificuldades atuais para a ação eclesial. Essas dificuldades têm suas raízes em duas heresias do passado, o *pelagianismo* e o *gnosticismo*; tais heresias são apresentadas na Carta Apostólica *Placuit Deo*, como *neopelagianismo* e *neognosticismo*.[12] Na exortação apostólica *Evangelii Gaudium*, o papa Francisco alerta que essas são duas formas desvirtuadas do cristianismo e que não é possível imaginar que delas possa brotar um autêntico dinamismo evangelizador.[13]

O Concílio Vaticano II, sobretudo na constituição pastoral *Gaudium et spes* sobre a Igreja no mundo de hoje, compreende a comunidade eclesial, animada pela ação do Espírito Santo e que tem a necessidade de buscar novos métodos e novas formas para cumprir sua missão de comunicar ao homem e ao mundo a verdade sobre Jesus Cristo, que só será possível na vivência de uma fé sólida e robusta para assumir o mundo, contribuindo para sua transformação. Nesse sentido, Maria colabora com a evangelização, pois como nos atesta os evangelhos, ela é exemplo de discípula de Jesus, por isso é modelo para a evangelização.

É no Cap. VIII da *Lumen Gentium* que encontramos uma consistente e clara apresentação de Maria no mistério de Cristo e da Igreja em uma perspectiva histórico-salvífica, apresentando uma reflexão sobre a Virgem Maria a partir de uma orientação eclesiológica e cristológica. Ora, se evangelizar é a ação, por meio da qual se transmite o evangelho, correspondendo ao mandamento de Jesus, ide por todo o mundo, proclamai o Evangelho a toda criatura (Mc 16,15), e levando à prática, simultaneamente, a missão da Igreja de pregar, anunciar e transmitir a mensagem do evangelho, podemos afirmar, à luz do capítulo VIII da constituição dogmática *Lumen Gentium*, que Maria faz parte e é presença fundamental na ação evangelizadora da Igreja. Nesse sentido, encontramos a fundamentação da mariologia eclesiológica. Para os mariólogos de tendência eclesiológica, o princípio fundamental da mariologia consiste em que Maria é tipo da Igreja.[14]

> A maternidade divina de Maria tem como fim realizar nela um supremo protótipo do que é a Igreja; enquanto que, pelo contrário, não existe nenhum mistério mariano logicamente antecedente a esta intenção divina que faz de Maria tipo da Igreja e ao que este atributo deva subordinar-se. Sendo este um princípio fundamental da mariologia, todos os demais privilégios de Maria encontram sua compreensão a partir deste. Para os mariólogos de tendência eclesiológica, a maternidade divina é consequência da vontade Divina em fazer de Maria tipo da Igreja. A maternidade divina constitui o momento da formação da Igreja, e a formação da Igreja tem um sentido nupcial, que consiste no esponsório do Verbo com a humanidade, quando este mesmo Verbo toma sua natureza humana concreta.[15]

O documento do Concílio mostra que Maria é o tipo da Igreja, quer dizer, é ícone, figura e imagem, é o exemplar dos cristãos, levando-se em consideração o mistério da salvação que nela se realizou e sua vida evangélica.

A colaboração de Maria com a Igreja está no que ela é modelo de fé, esperança e caridade[16]. A elaboração do capítulo VIII da *Lumen Gentium* observou quatro critérios teológicos que orientam o Concílio na elaboração de toda a sua doutrina mariana em particular; são os critérios bíblico, antropológico, ecumênico e pastoral.

É no critério bíblico que o Concílio Vaticano II busca o fundamento essencial para a formulação de sua doutrina mariana. Fidelidade à Sagrada Escritura, tal como é lida e interpretada pela Igreja e também à luz dos padres e doutores.[17] No critério bíblico, encontramos o fundamento essencial da participação e função da Virgem na economia da salvação. Os livros do Antigo Testamento e do Novo Testamento e a tradição veneranda mostram, de modo que se vai tornando cada vez mais claro, a função da Mãe do Salvador na economia da salvação, e colocam-na, por assim dizer, diante de nossos olhos.[18]

> Ao descrever a figura, a missão, o significado de Maria na história da salvação, o Concílio Vaticano II não baseia sua exposição em arbitrárias interpretações exegéticas de algum texto bíblico isolado para provar aprioristicamente formulações de fé, ou em um conjunto de lugares bíblicos para elaborar especulativamente um tratado de mariologia, mas atém-se a uma leitura global e ordenada de toda a sagrada Escritura, do AT ao NT, utilizando os critérios hermenêuticos mais seguros oferecidos pela exegese patrística e pelos estudos atuais. O Concílio Vaticano II, em sua exposição, prende-se mais a Maria bíblica do que a Maria do dogma ou da teologia sistemática.[19]

O critério antropológico resultou no reconhecimento do valor da pessoa como Colaboradora na realização da história da salvação e diante da vontade de Deus, bem como faz que o homem não seja considerado por Deus simples objeto de salvação, mas também sujeito que, embora mantendo-se dentro dos limites da criatura que é, coopera com Ele. Se na mariologia pré-conciliar foram acentuados os elementos, tais como o privilégio e a singularidade de Maria, a mariologia do Concílio Vaticano II sublinha o elemento humano, próprio da condição criatural. Maria é apresentada como modelo de todas as criaturas e expressão de cooperação humana no plano de Deus e na obra do Salvador. O particular papel de cooperadora, desempenhado pela virgem, tem como fundamento sua maternidade divina. Predestinada, desde toda a eternidade, juntamente com a encarnação do verbo divino, para ser Mãe de Deus, foi na terra, por disposição da divina Providência, a Mãe do Redentor divino.[20] O Concílio Vaticano II foi o que mais acentuou a colaboração de Maria na obra redentora de Cristo. Concebendo a Cristo, gerando-o, alimentando-o, apresentando-o no templo ao Pai, sofrendo com seu filho, que morria na cruz, ela cooperou, de modo absolutamente singular, pela obediência da fé, pela esperança e caridade ardente, na obra do salvador para restaurar a vida sobrenatural das almas.[21] O critério Antropológico, aplicado com equilíbrio, permite apresentação mais real e aceitável da personalidade feminina e religiosa da serva do Senhor, fá-la sentir-se membro, expressão eminente, figura e modelo da Igreja histórica e imagem perfeita da Igreja escatológica.[22]

> Neste sentido, Maria é apresentada na *Lumen Gentium* como pessoa para ser compreendida, amada, venerada e imitada dentro das linhas bíblicas, o que permitiu a apresentação de uma doutrina mariana mais concreta e acessível a todos, possibilitando também uma renovação cultural da Igreja[23].

O critério pastoral: O Vaticano II foi um concílio essencialmente pastoral e como tal não foi intenção do concílio, na formulação da doutrina mariana, proclamar nenhum dogma, mas expor uma doutrina eficazmente pastoral[24]. O concílio expõe a doutrina mariana partindo da inserção de Maria no mistério de Cristo e da Igreja bem como da sua participação e colaboração na obra redentora. Querendo Deus, sumamente benigno e sábio, realizar a redenção do mundo, "quando chegou a plenitude dos tempos, mandou seu Filho, nascido de mulher para que recebêssemos a adoção de filhos" (Gl 4,4-5).[25] Esse mistério divino de salvação iniciado em Maria, é revelado e continuado na Igreja[26]. A colaboração de Maria com a evangelização está em sua proximidade com a vida dos fiéis. Nesse sentido, o concílio não pretende propor um tratado de mariologia especulativo e sistemático, nem suprimir ou desconsiderar as questões teológicas discutidas entre os estudiosos, mas oferecer uma doutrina certa, essencial e compreensível para toda a Igreja. O critério pastoral do concílio, baseado essencialmente no dado bíblico e na sensibilidade religiosa do homem contemporâneo, permitiu que o documento apresentasse uma doutrina mariana mais concreta e acessível.

O Concílio apresenta Maria como cooperadora na obra da redenção; predestinada desde toda a eternidade, juntamente com a encarnação do Verbo divino, para ser a mãe de Deus, foi na terra, por disposição da divina providência, a mãe do Redentor divino.[27] Sendo mãe do Redentor, Maria foi, mais do que ninguém, sua companheira generosa: concebeu a Cristo, gerando-o, alimentando-o, apresentando-o ao templo, sofrendo com seu filho que morria na cruz (cf. LG 61). Podemos afirmar, sem sombra de dúvida, que Maria foi a primeira a ser evangelizada, pois foi quem primeiro acolheu em seu corpo e em seu coração Jesus, o Verbo encarnado. Deus se fez carne por meio de Maria, começou a fazer parte de um povo, constituiu o centro da história. Ela é o ponto de união entre o céu e a terra. Sem Maria desencarna-se o Evangelho, desfigura-se e transforma-se em ideologia, em racionalismo espiritualista.[28]

# 3

# MARIA NOS DOCUMENTOS DO CELAM

Antes de tratarmos propriamente de Maria nos documentos do CELAM, vamos observar a presença da Virgem na história da América latina e do Caribe. O início do quarto capítulo do livro *Mariologia Social*, de Clodovis Boff, é marcado pela presença de Maria na América Latina e no Caribe. Para reforçar seu lugar proeminente, o autor inicia esse capítulo de sua obra citando uma declaração do papa João Paulo II: "Dizer Ibero-América é dizer também Maria", declarou João Paulo II, em visita a Nossa Senhora do Pilar, em Saragoça no dia 10 de outubro de 1984.

> Se isto é verdade em todo o mundo católico, muito mais no México e na América Latina. Pode-se dizer que a fé e a devoção a Maria e seus méritos pertencem à identidade própria destes povos e caracterizam sua identidade popular, da qual falava meu predecessor Paulo VI na exortação Apostólica *Evangelii Nuntiandi*. Esta piedade popular não é por força um sentido vago, destituído de sólida base doutrinal como se constituísse forma inferior de manifestação religiosa. Quantas vezes é, pelo contrário, como que a expressão verdadeira da alma dum povo, ao ser tocada pela graça e forjada pelo encontro feliz entre a obra de evangelização e

a cultura local, de que fala a exortação acima citada. Assim guiada e sustentada, e, se for o caso, purificada pela ação constante dos pastores, e exercida diariamente na vida do povo, piedade popular é verdadeiramente a piedade dos pobres e simples. É a maneira como estes prediletos do Senhor vivem e traduzem, nas suas atitudes humanas e em todas as dimensões da vida, o mistério da fé que receberam. Esta piedade popular no México e em toda a América Latina é forçosamente mariana. Nela Maria Santíssima ocupa o mesmo lugar preeminente que ocupa na totalidade da fé cristã. Ela é a mãe, a rainha, a protetora e o modelo. A ela se vem para honrá-la, para pedir sua intercessão, para aprender a imitá-la, quer dizer, para aprender a ser verdadeiro discípulo de Jesus. Porque, como o mesmo Senhor diz: "Quem fizer a vontade de Deus é meu irmão, minha irmã e minha mãe" (Mc 3,35). Longe de ocultar a mediação insubstituível e única de Cristo, esta função de Maria sendo acolhida e posta em relevo, serve para demonstrar o poder d'Ela como ensina o Concílio Vaticano II, porque tudo o que ela é e tem, vem-lhe da superabundância dos méritos de Cristo e apoia-se na sua mediação e a ele conduz. Os fiéis que vêm a este santuário bem o sabem e põem-no em prática, ao dizerem sempre com ela, olhando para Deus Pai, no dom do seu Filho amado tornado presente entre nós pelo Espírito Santo: Glorifica a minha alma ao Senhor.[29]

## 3.1. Maria na Conferência do Rio de Janeiro

A primeira Conferência Geral do CELAM, realizada no Rio de Janeiro, de 25 de julho a 4 de agosto de 1955, teve como tema: "A evangelização como defesa da fé e das vocações e a preparação do clero. Participaram da Conferência do Rio de Janeiro 37 arcebispos, 58 bispos, de um total de 66 arcebispos, 218 dioceses, 33 prelazias, 43 vicariatos e 15 prefeituras apostólicas na América Latina.[30] Nessa primeira Conferência, os bispos debateram sobre o problema da escassez de vocações sacerdotais, a instrução religiosa, a condição social e material dos povos do Continente. Essa Conferência criou o CELAM com a autorização do papa Pio XII. A primeira Conferência do Rio de Janeiro cita Maria apenas duas vezes. A primeira refere-se à mensagem e a segunda se recomenda o respeito e o incremento da piedade popular na qual se insere a devoção mariana.

### 3.2. Maria na Conferência de Medellín

Com o tema "A Igreja na atual transformação da América latina à luz do Concílio", a Segunda Conferência Geral do Episcopado Latino-americano, realizada na cidade de Medellín (Colômbia), entre os dias 24 de agosto e 6 de setembro de 1968, foi um marco importante para a Igreja na América Latina. Essa Conferência aconteceu para reafirmar o Concílio Vaticano II, que trouxe um sopro de abertura e renovação para toda a Igreja. A América Latina queria relê-lo e implantá-lo em seu contexto; foi isso que fez em Medellín. Concebeu um novo horizonte em sua autocompreensão e em sua ação pastoral, deixou de olhar para dentro de suas fronteiras e voltou sua atenção para a realidade na qual estava imersa e situada.

> Medellín situa-se na linha de duas constituições do Concílio Vaticano II, a *Gaudium et Spes e Lumen Gentium*, e está em conformidade com a encíclica *Populorum Progressio*. Três foram os grandes temas de Medellín: Promoção humana; Evangelização e crescimento na fé; Igreja visível e suas estruturas. Foram produzidos 16 documentos no horizonte dos três grandes temas citados: I) Justiça, Paz, Família, Demografia, Educação, Juventude. II) Pastoral popular, Pastoral de elites, Catequese, Liturgia. III) Movimentos de leigos, Sacerdotes, Religiosos, Formação do clero, Pobreza da Igreja, pastoral de conjunto, Meios de comunicação.[31]

Nessa Conferência do Episcopado Latino-americano renovou-se o mistério de Pentecostes, há uma ênfase no silêncio meditativo de Maria que implora o Espírito e abre-se à renovação de uma nova ação do Espírito. Em torno de Maria, Mãe da Igreja, que com seu patrocínio assiste a este continente desde sua primeira evangelização, imploramos as luzes do Espírito Santo e, perseverando em oração, alimentando-nos do pão da Palavra e da Eucaristia.[32]

### 3.3. Maria na Conferência de Puebla

A terceira Conferência Geral do Episcopado Latino-americano aconteceu na cidade de Puebla de Los Angeles, no México, de 27 de janeiro a 13 de fevereiro de 1979, e teve como tema central "A evangelização no presente e no futuro da América Latina. A Conferência de Puebla aconteceu em sintonia com a Exortação Apostólica Pós-sinodal do papa Paulo VI, *Evangelii Nuntiandi,* publicada em 8 de dezembro de 1975, que exorta à reflexão sobre a evangelização no mundo contemporâneo. Fiel a esse novo momento eclesial, a Conferência de Puebla decidiu também refletir sobre a evangelização, procurando aplicar a Exortação Apostólica *Evangelii Nuntiandi* na América Latina.

Puebla dedica uma parte significativa de seu documento final a Nossa Senhora; nesse documento há trinta e três artigos sobre Maria. Ela é a protagonista da história. Por sua relação com Cristo, a Conferência apresenta Maria como modelo para a vida da Igreja e dos homens. Levada ao máximo na participação com Cristo, é íntima colaboradora de sua obra. Foi algo inteiramente distinto de uma mulher passivamente remissiva ou de religiosidade alienante. Ela não é apenas o fruto admirável da redenção; é também sua cooperadora ativa[33].

A exposição da mariologia de Puebla encontra-se a respeito da Igreja, no ponto 2.4., intitulado Maria, Mãe e modelo da Igreja. Do número 282 a 303 do documento final da Conferência de Puebla, são abordados dois aspectos fundamentais da mariologia eclesiológica: Maria como mãe da Igreja e Maria como modelo da Igreja. Ao tratar de Maria como Mãe da Igreja, a Conferência de Puebla retoma o número 62 da Constituição Dogmática *Lumen Gentium* do Concílio Vaticano II sobre a Igreja. Com seu amor de mãe, cuida dos irmãos de seu Filho, que ainda peregrinam e se debatem entre os perigos e as angústias, até que sejam conduzidos à Pátria feliz.[34]

A caminhada da Igreja em sua ação evangelizadora tem como meta gerar Cristo no seio da humanidade, mesmo que esta caminhada aconteça em meio aos perigos e às angústias. A mulher gemendo em dores de parto, presente no livro do Apocalipse de São João, representa Maria, mas representa também a Igreja que tem a missão de gerar Cristo e novos filhos e discípulos em Cristo.

> O sinal grandioso no céu, a mulher vestida de sol, tendo a lua sob os pés e sobre a cabeça uma coroa de doze estrelas, mas gritando, atormentada, entre as dores de parto, é, sem dúvida, em primeiro lugar, Israel, o povo de Deus, padecendo as dores do nascimento do Messias. Ele deve dar à luz alguém que é, porém, muito mais que um ser humano comum: de que forma isso deve acontecer, então? E as dores não são apenas internas, a elas soma-se a incomensurável angústia diante do monstro, um grande dragão cor de fogo com suas sete bocas escancaradas pronto para devorar o filho, tão logo nascesse[35].

> Em Maria se manifesta preclaramente que Cristo não anula a criatividade dos que o seguem. Ela, associada a Cristo, desenvolve todas as suas capacidades e responsabilidades humanas até chegar a ser a nova Eva juntamente com o novo Adão. Maria, por sua livre cooperação na nova aliança de Cristo, é junto a Ele a protagonista da história. Por esta comunhão e participação, a Virgem Imaculada vive agora imersa no mistério da Trindade, louvando a glória de Deus e intercedendo pelos homens[36].

### 3.4. Maria na Conferência de Santo Domingo

A IV Conferência do Episcopado Latino-Americano, realizada na cidade de Santo Domingo, no período de 12 a 28 de outubro de 1992, foi oficialmente convocada pelo papa João Paulo II, no dia 12 de dezembro de 1990, estabelecendo como tema: Nova evangelização, Promoção humana, Cultura cristã, sob o lema: "Jesus Cristo ontem, hoje e sempre" (Hb 13,8). Essa Conferência foi realizada para comemorar os 500 anos de evangelização no Continente Latino-Americano. Um dado importante para compreendê-la foi a visita do papa João Paulo II a vários países do continente, quando falava da necessidade de uma nova evangelização para o Continente por causa da perda constante de fiéis.

A situação religiosa, política e social da América Latina influenciou sobremaneira a convocação e o acontecimento da IV Conferência de Santo Domingo. O Continente passara por diferentes mudanças desde 1979, data da última conferência. Havia-se alterado a situação política das repúblicas latino-americanas, passando de ditaduras de distintas matizes a regimes políticos mais ou menos democráticos. Constatara-se a derrocada do socialismo real e afirmava-se o neoliberalismo de cunho anglo-saxão. A violência do narcotráfico se estendia, em convivência com algumas guerrilhas. Nos anos 80 se acentuou a urbanização, evidenciando a miséria de grandes parcelas de população aglomeradas nas grandes cidades. É nesse contexto que aconteceu a IV Conferência de Santo Domingo, na República Dominicana.

Os membros da Conferência tinham consciência de que estavam reunidos como um novo cenáculo, em torno de Maria a mãe de Jesus[37], recordam, assim, a presença de Maria no cenáculo em Pentecostes[38], na profissão da fé na encarnação no seio virginal de Maria[39], ao confirmar a fé do povo latino-americano, em que proclama que a Virgem Maria, Mãe de cristo e da Igreja, é a primeira redimida e a primeira crente. Maria, a mulher de fé, foi plenamente evangelizada, é a mais perfeita discípula e evangelizadora[40]. Os membros da Conferência declaram que, a exemplo de Maria, se colocam à escuta da Palavra de Deus para poderem comunicá-la aos povos da América Latina[41]. A presença de Maria no documento conclusivo de Santo Domingo se dá de diversas formas, todavia ela é invocada como estrela da evangelização, expressão que recorda a exortação pós-sinodal do papa Paulo VI, *Evangelii Nuntiandi*. Em Santo Domingo, Maria é apresentada como modelo de evangelização da cultura, por ser uma mulher judia aberta à novidade do Evangelho, e está presente em nossas terras como Mãe Comum, tanto dos aborígenes como daqueles que para cá vieram, propiciando desde o princípio a nova síntese cultural, que é a América Latina e o Caribe[42].

A Nossa Senhora de Guadalupe, Estrela da Nova Evangelização, confiamos nossos trabalhos. Ela tem caminhado com nossos povos desde o primeiro anúncio de Cristo. A ela suplicamos, hoje, que encha de ardor nosso corações, para proclamarmos, com novos métodos e novas expressões, que Jesus Cristo é o mesmo Ontem, Hoje e Sempre (Hb 13,8)[43].

## 3.5. Maria na Conferência de Aparecida

Com o tema: "Discípulos e missionários de Jesus Cristo para que nossos povos tenham vida! Eu sou o caminho, a verdade e a vida" (Jo 14,6), a V Conferência do CELAM aconteceu no Santuário de Aparecida, de 13 a 31 de maio de 2007, na cidade de Aparecida. Essa nova Conferência é o novo passo no caminho da Igreja, especialmente a partir do Concílio Ecumênico Vaticano II. Ela dá continuidade e, ao mesmo tempo, recapitula o caminho de fidelidade, renovação e evangelização da Igreja latino-americana a serviço de seus povos já expresso nas Conferências anteriores[44].

Quatro realidades marcaram a Conferência de Aparecida e colaboraram para seu sucesso:

1. A intercessão de Maria, a fé mariana do povo, vivida no Santuário de Aparecida, local da Conferência.
2. O discurso do papa Bento XVI na abertura da Conferência e citado 48 vezes no Documento.

3. A presença, o testemunho de fé dos romeiros contagiaram os membros da Conferência.

4. A colaboração dos assessores, dos teólogos e das lideranças da Igreja que realizaram encontros e debates durante a Conferência[45].

Na V Conferência de Aparecida, Maria é apresentada como mulher discípula-missionária. Hoje, quando em nosso continente latino-americano e caribenho se quer enfatizar o discipulado e a missão, é ela quem brilha diante de nossos olhos como imagem acabada e fidelíssima do seguimento de Cristo[46].

Essa é a hora da discípula mais radical de Cristo, de seu magistério discipular e missionário. Permaneçam na escola de Maria. Inspirem-se em seus ensinamentos. Procurem acolher e guardar dentro do coração as luzes que ela, por mandato divino, envia, a vocês a partir do alto (Bento XVI).

> Maria é a grande missionária, continuadora da missão de seu Filho e formadora de missionários. Ela, da mesma forma como deu à luz ao Salvador do mundo, trouxe o Evangelho a nossa América. No acontecimento de Guadalupe, presidiu, juntamente com o humilde João Diego, o Pentecostes que nos abriu os dons do Espírito. A partir desse momento, são incontáveis as comunidades que encontram nela a inspiração mais próxima para aprenderem como ser discípulos missionários de Jesus. Com alegria, constatamos que ela tem feito parte do caminhar de cada um de nossos povos, entrando profundamente no tecido de sua história e acolhendo as ações mais nobres e significativas de sua gente. Os diversos títulos e os santuários espalhados por todo o Continente testemunham a presença próxima de Maria às diversas pessoas e, ao mesmo tempo, manifestam a fé e a confiança que os devotos sentem por ela. Ela pertence a eles, e eles a sentem como mãe e irmã.[47]

O documento final da Conferência de Aparecida considera o cristão católico como discípulo Missionário, e Maria é apresentada como a discípula mais perfeita do Senhor, por causa de sua fé, de sua obediência à vontade de Deus, por sua constante meditação da Palavra de Deus e das ações de Jesus.[48]

A V Conferência de Aparecida assim compreende Maria como discípula e missionária:

Com Maria, providencialmente unida à plenitude dos tempos, chega a cumprimento a esperança dos pobres e do desejo de salvação.[49]

Maria gera a Igreja-família, pois a família humana se reúne em torno dela, que confere alma e ternura à convivência familiar. Ela é a grande missionária enquanto continuadora da missão de seu filho e formadora de missionários, além de ter trazido o Evangelho a nossa América e estar próxima das pessoas, como demonstram os acontecimentos de Guadalupe, e os diversos títulos e santuários espalhados por todo o Continente, fazendo com que os povos latino-americanos sintam que ela pertence a eles, e eles a ela.

Após a ressurreição do Senhor, Maria é aquela que persevera juntamente com os apóstolos à espera do Espírito (cf. At 1,13-14), ela cooperou com o nascimento da Igreja missionária, imprimindo-lhe um selo mariano que a identifica profundamente.

4

# O PAPA FRANCISCO E MARIA

É evidente, no pontificado do papa Francisco, o convite a toda a Igreja ao empenho missionário e evangelizador. Em sua exortação apostólica *Evangelii Gaudium,* o papa Francisco apresenta a centralidade pastoral de seu pontificado e a fonte que lança a Igreja para fora de si mesma; a Igreja em saída como superação da Igreja autorreferenciada, a comunidade eclesial na direção de suas origens primeiras e na direção do mundo dos outros, particularmente dos mais fragilizados. Sonho com uma opção missionária capaz de transformar tudo, para que os costumes, os estilos, os horários, a linguagem e toda a estrutura eclesial se tornem um canal proporcionado mais à evangelização do mundo atual do que à autopreservação[50]. Francisco faz a convocação: "Convido todos a serem ousados e criativos nesta tarefa de repensar os objetivos, as estruturas, o estilo e os métodos das respectivas comunidades"[51].

A Igreja em saída, mais que ser o eixo da exortação apostólica *Evangelii Gaudium,* tem sido a base programática do pontificado do papa Francisco, que convoca a comunidade eclesial para ir ao encontro das diversidades culturais e religiosas e das pessoas que estão excluídas das comunidades cristãs. O papa Francisco, na *Evangelii Gaudium,* retoma a V Conferência de Aparecida quando trata da piedade popular como lugar de encontro com Jesus Cristo e meio eficaz para a evangelização.

> No Documento de Aparecida, descrevem-se as riquezas que o Espírito Santo explicita na piedade popular por sua iniciativa gratuita. Naquele amado Continente, onde uma multidão imensa de cristãos exprime sua fé através da piedade popular, os Bispos chamam-na também "espiritualidade popular" ou "mística popular". Trata-se de uma verdadeira espiritualidade encarnada na vida dos simples. Não é vazia de conteúdos, mas descobre-os e exprime-os mais pela via simbólica do que pelo uso da razão instrumental e, no ato de fé, acentua mais o *credere in Deum que o credere Deum.* É uma maneira legítima de viver a fé, um modo de se sentir parte da Igreja e uma forma de ser missionários; comporta a graça da missionariedade, do sair de si e do peregrinar: "O caminhar juntos para os santuários e o participar em outras manifestações da piedade popular, levando também os filhos ou convidando outras pessoas, é em si mesmo um gesto evangelizador". Não limitemos nem pretendamos controlar essa força missionária![52]

Na *Evangelii Gaudium,* o papa Francisco destaca a força evangelizadora da piedade popular. Se por um lado há certo cristianismo feito de devoções que não corresponde a uma autêntica piedade popular, por isso mesmo deve ser evangelizada, por outro há uma forte ligação do evangelho na vida do povo, daí a importância da evangelização entendida como inculturação. Pode dizer-se que o povo se evangeliza continuamente a si mesmo. Aqui ganha importância a piedade popular, verdadeira expressão da atividade missionária espontânea do povo de Deus. Trata-se de uma realidade em permanente desenvolvimento, cujo protagonista é o Espírito Santo.[53]

> A evangelização é dever da Igreja. Este sujeito da evangelização, porém, é mais do que uma instituição orgânica e hierárquica; é, antes de tudo, um povo que peregrina para Deus. Trata-se certamente de um mistério que mergulha as raízes na Trindade, mas tem sua concretização histórica num povo peregrino e evangelizador, que sempre transcende toda a necessária expressão institucional. Proponho que nos detenhamos um pouco nesta forma de compreender a Igreja, que tem seu fundamento último na iniciativa livre e gratuita de Deus.[54]

Falar da mariologia no pontificado do papa Francisco implica uma proposta evangelizadora. Assim como a *Evangelii Nuntiandi* condensa a proposta evangelizadora do papa Paulo VI, a *Evangelii Gaudium* condensa, da mesma forma, a proposta de evangelização do papa Francisco. O título "Maria, estrela da evangelização", utilizado pelo papa Paulo VI, na exortação apostólica *Evangelii Nuntiandi,* foi retomado pelo papa Francisco na *Evangelii Gaudium*. O capítulo V da EG trata, especificamente, da evangelização. Com o título evangelizadores com espírito, o papa Francisco exorta aos evangelizadores para que se abram sem medo à ação do Espírito.

> Evangelizadores com espírito quer dizer evangelizadores que se abrem sem medo à ação do Espírito Santo. No Pentecostes, o Espírito faz os Apóstolos saírem de si mesmos e transforma-os em anunciadores das maravilhas de Deus, que cada um começa a entender na própria língua. Além disso, o Espírito Santo infunde a força para anunciar a novidade do Evangelho com ousadia *(parresia)*, em alta voz e em todo tempo e lugar, mesmo contra a corrente. Invoquemo-lo hoje, bem apoiados na oração, sem a qual toda ação corre o risco de ficar vã, e o anúncio, no fim das contas, carece de alma. Jesus quer evangelizadores que anunciem a Boa-Nova, não só com palavras, mas, sobretudo, com uma vida transfigurada pela presença de Deus.[55]

Na EG, o papa Francisco busca encorajar o evangelizador a evangelizar com espírito, pois o evangelizador com espírito é muito diferente de um conjunto de tarefas vividas como uma obrigação pesada. A EG fala de uma evangelização mais ardorosa, alegre, generosa, ousada, cheia de amor até o fim e feita de vida contagiante.[56] Ao falar das motivações para um renovado impulso missionário, a EG diz que "Evangelizadores com espírito quer dizer evangelizadores que rezam e trabalham. Do ponto de vista da evangelização, não servem as propostas místicas desprovidas de um vigoroso compromisso social e missionário, nem os discursos e as ações pastorais sem uma espiritualidade que transforme o coração".[57] Aproximadamente quatro décadas antes da *Evangelii Gaudium*, a Exortação apostólica *Evangelii Nuntiandi*, do papa Paulo V, publicada no dia 8 de dezembro, solenidade da Imaculada Conceição da Virgem Maria, do ano de 1975, na mesma perspectiva da EG, fala do espírito da evangelização e da inspiração do Espírito Santo na ação evangelizadora. Nunca será possível haver evangelização sem a ação do Espírito Santo.[58]

Se na *Evangelii Nuntiandi* Maria é a estrela da evangelização, na *Evangelii Gaudium* ela é a Mãe da evangelização. Seguindo as motivações para um renovado impulso missionário e a abertura do evangelizador à ação do Espírito Santo, a EG apresenta Maria juntamente com o Espírito Santo e no meio do povo. Maria reunia os discípulos para invocar o Espírito Santo (At 1-14) e assim tornou possível a explosão missionária que se deu no Pentecostes.[59] Ela é a Mãe da Igreja evangelizadora; sem ela não podemos compreender cabalmente o espírito da nova evangelização.

Na *Evangelii Gaudium*, o papa Francisco diz que "Maria é aquela que sabe transformar um curral de animais na casa de Jesus, com uns pobres paninhos e uma montanha de ternura".[60] É neste sentido que Maria colaborou com a evangelização. Ao falar da nova evangelização, o papa Francisco, na exortação apostólica *Evangelii Gaudium,* retoma a constituição dogmática *Lumen Gentium,* em que diz que Maria é modelo para a evangelização, pois ela é mulher de fé, que vive e caminha na fé.[61] "Ela deixou-se conduzir pelo Espírito, por um itinerário de fé, rumo a uma destinação feita de serviço e fecundidade. Hoje, fixamos nela o olhar, para que nos ajude a anunciar a todos a mensagem de salvação e para que os novos discípulos se tornem operosos evangelizadores."[62]

A *Evangelii Gaudium* diz que há um estilo mariano na atividade evangelizadora da Igreja.

> Há um estilo mariano na atividade evangelizadora da Igreja, porque sempre que olhamos para Maria, voltamos a acreditar na força revolucionária da ternura e do afeto. Nela, vemos que a humildade e a ternura não são virtude dos fracos, mas dos fortes, que não precisam maltratar os outros para se sentir importantes. Fixando-a, descobrimos que aquela que louvava a Deus porque "derrubou os poderosos de seus tronos" e aos ricos despediu de mãos vazias" (Lc 1,52.53) é a mesma que assegura o aconchego de um lar a nossa busca de justiça. É a mesma também que conserva cuidadosamente "todas essas coisas ponderando-as em seu coração" (Lc 2,19). Maria sabe reconhecer os vestígios do Espírito de Deus tanto nos grandes acontecimentos como naqueles que parecem imperceptíveis. É contemplativa do mistério de Deus no mundo, na história e na vida diária de cada um e de todos. É a mulher orante e trabalhadora em Nazaré, mas é também Nossa Senhora da prontidão, a que sai "às pressas" (Lc 1,39) de sua povoação para ir ajudar os outros. Esta dinâmica de justiça e ternura, de contemplação e de caminho para os outros faz dela um modelo eclesial para a evangelização.[63]

O papa Francisco conclui a exortação apostólica *Evangelii Gaudium* com uma oração dirigida à Virgem Maria:

*Virgem e Mãe Maria, vós que, movida pelo espírito, acolhestes o Verbo da vida na profundidade de vossa fé humilde, totalmente entregue ao Eterno, ajudai-nos a dizer nosso "sim" perante a urgência, mais imperiosa do que nunca, de fazer ressoar a Boa-Nova de Jesus. Vós, cheia da presença de Cristo, levaste a alegria a João Batista, fazendo-o exultar no seio de sua mãe. Vós, estremecendo de alegria, cantastes as maravilhas do senhor. Vós, que permanecestes firme diante da Cruz, com fé inabalável, e recebestes a jubilosa consolação da ressurreição, reunistes os discípulos à espera do Espírito para que nascesse a Igreja evangelizadora. Alcançai-nos agora um novo ardor de ressuscitados; para levar a todos o Evangelho da vida que vence a morte. Dai-nos a santa ousadia de buscar novos caminhos para que chegue a todos o dom da beleza que não se apaga. Vós, Virgem da escuta e da contemplação, Mãe do amor, esposa das núpcias eternas, intercedei pela Igreja, da qual sois o ícone puríssimo, para que ela nunca se feche nem se detenha em sua paixão por instaurar o Reino. Estrela da nova evangelização, ajudai-nos a refulgir com o testemunho da comunhão, do serviço, da fé ardente e generosa. Da justiça e do amor aos pobres, para que a alegria do Evangelho chegue até os confins da terra e nenhuma periferia fique privada da sua luz. Mãe do Evangelho vivente, Manancial de alegria para os pequeninos, rogai por nós. Amém. Aleluia!*[64]

# CONCLUSÃO

Em que sentido Maria colabora com a ação evangelizadora da Igreja? Sem uma compreensão bíblica da Virgem de Nazaré e sua participação no mistério de Cristo é difícil compreender a colaboração de Maria na práxis evangelizadora. Maria é discípula e, por conseguinte, evangelizadora e modelo para a evangelização, por ser mulher bíblica e participante da vida e dos mistérios de Jesus Cristo. Neste livro, a colaboração de Maria na evangelização foi contextualizada a partir da linhagem bíblica de Maria de Nazaré e sua inserção na vida de Jesus. Nesse sentido, há uma aproximação da mariologia com a cristologia. É no Evangelho lucano que encontramos a articulação entre a vida simples de Maria de Nazaré com o mistério, vida e missão de Jesus.

Neste texto, tratamos da mariologia na perspectiva pastoral e evangelizadora, tendo o Concílio Vaticano II na Constituição Dogmática *Lumen Gentium* a fonte principal de pesquisa e análise. Para tanto, recorremos aos teólogos Yves Congar e Gustave Thils, que nos possibilitaram melhor compreensão da mariologia eclesiológica como chave de leitura para entender e assumir o mundo na perspectiva de transformá-lo. Foi essencialmente no capítulo VIII da *Lumen Gentium* que encontramos uma consistente e clara apresentação de Maria no mistério de Cristo e da Igreja, em uma perspectiva histórico-salvífica, apresentando uma reflexão sobre a Virgem Maria, a partir de uma orientação eclesiológica e cristológica. Ora, se evangelizar é a ação por meio da qual se transmite o evangelho, correspondendo ao mandamento de Jesus, ide por todo o mundo, proclamai o Evangelho a toda criatura (Mc 16,15), e levando à prática, simultaneamente, a missão da Igreja de pregar, anunciar e transmitir a mensagem do evangelho, podemos afirmar, à luz do capítulo VIII da constituição dogmática *Lumen Gentium*, que Maria faz parte e é presença fundamental na ação evangelizadora da Igreja. Nesse sentido encontramos a fundamentação da mariologia eclesiológica.

Nos documentos conclusivos das cinco Conferências do CELAM, encontramos a citação de Maria de Nazaré presente na vida do continente latino-americano e caribenho. Desde a primeira Conferência, realizada na cidade do Rio de Janeiro, no ano de 1955, até Aparecida, Maria é apresentada como presença marcante na vida e na história da América Latina e do Caribe, bem como na religiosidade popular dos povos desse continente.

Por fim, apresentamos uma breve reflexão da presença de Maria no pontificado do papa Francisco. É na Exortação apostólica *Evangelii Gaudium* que o papa Francisco articula a evangelização com a piedade popular e a devoção mariana. Falar da mariologia no pontificado do papa Francisco implica uma proposta evangelizadora condensada na *Evangelii Gaudium.*


*Pe. Eduardo Ribeiro*

Sacerdote religioso membro da Congregação do Santíssimo Redentor – C.Ss.R. Bacharel em filosofia, pela Pontifícia Universidade Católica de Campinas-SP – PUCCAMP, e em teologia, pelo Instituto teológico São Paulo – ITESP. Possui especialização em comunicação, pelo SEPAC, Paulinas-SP, e Igrejas e Bens Culturais e Arte Sacra, pela Faculdade Arquidiocesana de Mariana-MG, FAM.

# NOTAS

[1] Stefano de FIORES; Salvatore MEO (orgs.). *Dicionário de Mariologia*, p. 500.
[2] LG 53.
[3] DA 266.
[4] Stefano de FIORES; Salvatore MEO (orgs.). *Dicionário de Mariologia*. p. 501.
[5] Lina Boff. *Como tudo começou com Maria de Nazaré*, p. 54.
[6] Lúcia Pedrosa de Pádua. *Uma Igreja mariana no magistério do papa Francisco*. Chaves de renovação para uma Igreja "em saída", p. 147.
[7] Afonso Tadeu Murad. *Maria, toda de Deus e tão humana*: Compêndio de mariologia, p. 54.
[8] Discurso de sua Santidade papa João XXIII na abertura solene do Concílio Vaticano II. 11 de outubro de 1962, I sessão.
[9] www.ihu.unisinos.br. O papel da teologia no Concílio e o estatuto dos teólogos e teólogas hoje.
[10] Ibid.
[11] Carta apostólica Placuit Deo aos Bispos da Igreja católica sobre alguns aspectos da salvação cristã https://www.vaticannews.va
[12] Sobre o neopelagianismo e neognosticismo, encontramos uma análise mais detalhada na exortação apostólica *Evangelii Gaudium* do papa Francisco, nos números 91 a 97 e 231 a 233, em que o papa Francisco trata do mundanismo espiritual e de uma afirmação que faz pensar e avançar no que diz respeito à enculturação da fé e a compreensão da missão da Igreja.
[13] *Evangelii Gaudium* 94.
[14] C. Pozzo. *Maria en la obra de la salvacion*, p. 27.
[15] C. Pozzo. *Maria en la obra de la salvacion*, p. 27.

[16] LG 63-65.
[17] Stefano de FIORES; Salvatore MEO (orgs.). *Dicionário de Mariologia*, p. 300.
[18] LG 55.
[19] Stefano de FIORES; Salvatore MEO (orgs.). *Dicionário de Mariologia*, p. 300.
[20] LG 61.
[21] Ibid. 61.
[22] Stefano de FIORES; Salvatore MEO, *Dicionário de Mariologia*, 1995, p. 300. Aqui encontramos uma análise dos critérios teológicos que norteiam o Concílio Vaticano II, são eles: Critério Bíblico, Critério Antropológico, Critério Ecumênico e Critério Pastoral. Para uma análise e compreensão da colaboração de Maria na obra redentora de Cristo e por conseguinte na ação evangelizadora da Igreja, tomamos o Critério Antropológico. Esse critério enfatiza o valor da pessoa humana na realização da história da salvação e diante da vontade de Deus, bem como faz que o homem não seja considerado por Deus simplesmente objeto de salvação, mas também sujeito que, embora mantendo-se dentro dos limites de criatura que é, coopera com ele.
[23] Ibid., p. 301.
[24] Pedro K. IWASHITA, CSSp. Maria no Vaticano II: renovação na Mariologia, In: *Revista Atualidade Teológica*, Set./Dez. (2014), p. 554-571.
[25] LG 52.
[26] Ibid. 52.
[27] LG 61.
[28] Puebla 301.
[29] PAPA JOÃO PAULO II. Discurso no Santuário de Nossa Senhora de Zapopán, n. 2: *Acta Apostolicae*, LXXI (1979), p. 228.
[30] Revista de Cultura Teológica – v. 16 – n. 64 – p. 130 – Jul/set 2008.
[31] Revista de Cultura Teológica – v. 16 – n. 64 – p. 130 – Jul/set 2008.
[32] Medellín, p. 43.
[33] Puebla 293.
[34] LG 62.
[35] Has Urs Von Balthasar. *Maria para Hoje*. São Paulo: Paulus.
[36] Ibid. 293.
[37] Santo Domingo 1.
[38] Ibid. 7.
[39] Ibid. 8.

[40] Ibid. 15.
[41] Ibid. 31.
[42] Ibid. 299.
[43] Ibid. 48.
[44] DA 9.
[45] Dom Orlando BRANDES, Documento de Aparecida, Síntese Popular, Discípulos e Missionários de Jesus Cristo a serviço da vida, p. 5. Santuário Nacional de Nossa Senhora Aparecida.
[46] DA 270.
[47] DA 269.
[48] Como na Conferência de Puebla, em Aparecida, há um ponto totalmente dedicado a Maria, o 6.1.4, intitulado Maria, discípula e missionária. Entre os números 266-272 do Documento de Aparecida, Maria é apresentada como modelo para o discípulo missionário de Jesus Cristo. A Conferência de Aparecida retoma, em especial, o capítulo VIII da Constituição dogmática *Lumen Gentium* do Concílio Vaticano II, em que Maria é apresentada como verdadeiramente mãe dos membros de Cristo, porque com seu amor colaborou para que na Igreja nascessem os fiéis, que são os membros daquela cabeça, que é o próprio Cristo (LG 53).
[49] DA 267.
[50] EG 27.
[51] EG 33.
[52] Ibid 124.
[53] Ibid 122.
[54] Ibid 111.
[55] EG 259.
[56] Ibid 261.
[57] EG 262.
[58] *Evangelii Nuntiandi* 75.
[59] Ibid 284.
[60] EG 286.
[61] Cf. Concílio Ecumênico Vaticano II, Constituição Dogmática Sobre a Igreja Lumen Gentium, Cap. VIII, n. 52-69.
[62] EG 287.
[63] EG 288.
[65] *Evangelii Gaudium*, p. 164.

# REFERÊNCIAS


*BÍBLIA Sagrada. Bíblia de Jerusalém.* São Paulo: Paulus, 2002.

*BÍBLIA Sagrada. Nova Bíblia pastoral.* São Paulo: Paulus, 2013.

CONCÍLIO ECUMÊNICO VATICANO II. *Constituição Dogmática "Lumen Gentium" sobre a Igreja,* São Paulo: Paulus 1997.

DE FIORES, Stefano; MEO, Salvatore (org.). *Dicionário de Mariologia.* São Paulo: Paulus, 1995.

FRANCISCO. *Exortação Apostólica "Evangelii Gaudium".* Sobre o anúncio do Evangelho no mundo atual. São Paulo: Paulus, 2013.

PAULO VI. *Exortação apostólica "Evangelii Nuntiandi".* Sobre a evangelização no mundo contemporâneo. São Paulo: Paulinas, 1976.

BOFF. Clodovis. *Mariologia Social. O significado da Virgem para a sociedade.* São Paulo: Paulus 2006.

BOFF, Lina. *Mariologia, Interpelações para a fé.* São Paulo: Vozes, 2007.

POZZO, Candido. *María em la obra de la salvación.* Biblioteca de Autores Cristianos, de La Editorial Católica, S. A. Madrid, 1974.

BOFF, Lina. *Como tudo começou com Maria de Nazaré.* Rio de Janeiro: Letra Capital, 2016.

MURAD, Afonso. *Maria Toda de deus e tão humana.* Compêndio de Mariologia. São Paulo: Paulinas, 2012.

TEMPORELLI, Clara. *Maria mulher de Deus e dos pobres:* releitura dos dogmas marianos. São Paulo: Paulus, 2017.

CANTALAMESSA, Raniero. *Maria um espelho para a Igreja.* Aparecida: Santuário, 1992.

PAULO VI. *Exortação Apostólica "Evangelii Nuntiandi".* São Paulo: Paulinas, 1976.

________. *Carta Encíclica "Marialis Cultus".* São Paulo: Loyola, 1987.

JOÃO PAULO II. *Carta Encíclica "Redemptoris Mater".* São Paulo: Paulinas, 1989.

FRANCISCO. *Exortação Apostólica "Evangelii Gaudium"* São Paulo: Paulus, Loyola, 2013.

CONCLUSÕES DA CONFERÊNCIA DE PUEBLA. *"Evangelização no presente e no futuro da América Latina".* São Paulo: Paulinas, 1979.

DOCUMENTO DE APARECIDA. *Texto Conclusivo da V Conferência Geral do Episcopado Latino-Americano e do Caribe.* Brasília: Edições CNBB, São Paulo: Paulinas, São Paulo: Paulus, 2007.

# ÍNDICE

Introdução ... 3
1. Maria no Evangelho de São Lucas ... 5
2. Maria na *Lumen Gentium* ... 9
3. Maria nos documentos do CELAM ... 17
*3.1. Maria na Conferência do Rio de Janeiro* ... 18
*3.2. Maria na Conferência de Medellín* ... 19
*3.3. Maria na Conferência de Puebla* ... 20
*3.4. Maria na Conferência de Santo Domingo* ... 23
*3.5. Maria na Conferência de Aparecida* ... 25
4. O papa Francisco e Maria ... 29
Conclusão ... 37
Notas ... 41
Referências ... 45

Este livro foi composto com as famílias tipográficas Lithograph,
Lithos Pro e Segoe e impresso em papel Offset 70g/m$^2$ pela **Gráfica Santuário.**